LIVRE DE RAISON

DE LA

FAMILLE DUDROT DE CAPDEBOSC

(1522-1675)

PUBLIÉ ET ANNOTÉ

PAR

PHILIPPE TAMIZEY DE LARROQUE

PARIS
Librairie ALPHONSE PICARD
82, RUE BONAPARTE

1891

LIVRE DE RAISON

DE LA

FAMILLE DUDROT DE CAPDEBOSC

Extrait, à cent-vingt exemplaires, de la REVUE DE GASCOGNE

LIVRE DE RAISON

DE LA

FAMILLE DUDROT DE CAPDEBOSC

(1522-1675)

PUBLIÉ ET ANNOTÉ

PAR

PHILIPPE TAMIZEY DE LARROQUE

PARIS
Librairie ALPHONSE PICARD
82, RUE BONAPARTE

1891

LIVRE DE RAISON

DE LA

FAMILLE DUDROT DE CAPDEBOSC

(1522-1675)

AVERTISSEMENT

Quand je donnai, en 1872, une nouvelle édition des *Sonnets exotériques* de Gérard Marie Imbert d'après le seul exemplaire connu, celui de la Bibliothèque Mazarine (1), je ne me doutais guères qu'assez près de la ville de Condom, berceau de mon poète, on conserve un manuscrit qui m'aurait fourni les plus exacts détails sur le premier des personnages mentionnés en ces mauvais vers :

> O du Drot et du Franc, gentils enfans d'Orphee,
> Qui la harpe et le luc maniez de voz doits
> Si divinement bien, que la pierre et le bois
> Suivent voz sons enfans de la main echaufée (2).

Un érudit condomois dont j'ai déjà eu l'occasion de vanter le grand savoir et la grande obligeance (3), M. Soubdès, a eu l'amabilité de me confier une copie très bien faite du *Livre de raison de la famille Dudrot* (4). Non content de me rendre ce service, il a encore daigné mettre à ma disposition des

(1) Bourdeaus, Simon Millanges, 1578, petit in-8°.

(2) *Collection méridionale*, tome II, Paris et Bordeaux, in-8°, p. 31, sonnet XXVIII, sonnet beaucoup plus moral que poétique, et où la vertu est célébrée de la façon la plus indigne d'elle. Dans la note 58 qui correspond au premier vers, j'avais été piteusement obligé d'avouer (p. 79) que Dudrot m'était « parfaitement inconnu ».

(3) *Lettres inédites de quelques membres de la famille de Monluc* (Auch, 1890, p. 6).

(4) Je laisse à ce nom la forme que lui donnent les représentants actuels de la famille, qui sont ainsi fidèles à son antique usage.

notes excellentes qui éclaircissent à peu près tous les passages difficiles. Je ne puis assez le remercier de tant d'amicale générosité. Ceux de mes lecteurs qui trouveront quelque intérêt à parcourir soit le texte, soit le commentaire, devront surtout en rapporter le mérite à mon cher confrère et collaborateur. Je les prie d'associer à leur reconnaissance MM. Dudrot, qui m'ont gracieusement autorisé à mettre en lumière le livre de raison rédigé, pendant plus de cent cinquante années, par leurs aïeux des XVIe et XVIIe siècles (1).

Pour utiliser tout de suite une des nombreuses et précieuses communications de M. Soubdès, je vais reproduire une note où il décrit et analyse aussi rapidement que fidèlement le manuscrit original :

« Le petit livre en forme de cœur a dû être ainsi fait dans l'origine, pour un recueil de prières à la Vierge. Bien que la dévotion du Sacré Cœur n'ait été instituée que plus tard, il est probable que cet emblème de l'amour divin existait déjà depuis longtemps et que le premier auteur de ce livre adopta cette forme comme un témoignage de sa piété. Son travail promptement interrompu n'occupe que les douze premiers feuillets qui contiennent des prières en latin (2), avec un

(1) MM. Dudrot résident à Cap de Bosc, domaine situé dans la commune de Mônerabeau (Lot-et-Garonne), sur la rive droite de l'Osse, très près de la limite du département du Gers. Le domaine est dans la famille depuis le XVIe siècle

(2) La première de ces prières débute ainsi : « *Cave me de omnibus malis inimicis meis visibilibus et invisibilibus.* » Ni M. Soubdès ni moi n'avons pensé que la reproduction de ces formules pût présenter le moindre intérêt. Nous avons également cru devoir écarter quelques autres latinades éparses dans le manuscrit, par exemple, ce qui regarde (f° 72) un saint évêque d'Allemagne, nommé Albert, auquel, pendant qu'il célébrait le sacrifice de la messe et tenait en ses mains le corps du Seigneur, une voix divine fit entendre les huit recommandations suivantes : 1° aumônes; 2° déploration de la Passion; 3° patience pour supporter les injures; 4° veilles avec oraisons; 5° hospitalité à donner aux voyageurs; 6° résignation dans les tribulations; 7° prières adressées directement à Dieu; 8° dévouement absolu, exclusif, à Dieu; et, par exemple encore, une historiette (f° 74) où figure le diable, laquelle me semble empruntée au recueil jadis si répandu de Césaire d'Heisterbach (*Dialogus miraculum*), recueil dont je me suis fort occupé dans un de mes premiers travaux (*Mémoire sur le sac de Béziers*, 1862). J'aurais reproduit le récit (f° 74 v°) de l'impression produite à Toulouse par la nouvelle du désastre de Pavie, si ce récit que l'on peut rapprocher de celui de Dom Vaissete (édition Privat, t. XI, p. 219) et de celui de M. Dubé-

petit encadrement rouge. Les prières en vers français qui viennent ensuite semblent écrites d'une autre main; elles remplissent six feuillets. Le reste du livre, qui se compose aujourd'hui de 74 feuillets, fut utilisé dans la suite pour inscrire les faits mémorables de la famille. On conçoit que la sainteté du commencement offrait une garantie pour la conservation des notes qu'on y insérait. La première avec date est de 1522, et elle a été mise sur le feuillet 66, vers la fin du livre, laissant ainsi beaucoup de feuillets blancs pour continuer les prières à la Vierge. Ce n'est que dans les temps postérieurs, lorsque les feuillets de la fin ont été épuisés, que l'on a employé les pages intermédiaires.

» Parmi les notes de famille, on rencontre souvent, insérées sans ordre, des mentions d'événements publics, dont quelques-uns ne sont pas sans importance. On trouve, par exemple, au verso du feuillet 71, la relation du séjour de François Ier à Nérac, dans les derniers jours d'octobre 1542. Ce voyage paraît être resté inconnu, car les historiens du Languedoc dissertent longuement pour suivre la trace de ce roi, lorsqu'il quitta Béziers pour se rendre à la Rochelle (1). Il y a aussi, dans le volume, diverses poésies se rapportant à des

dat (*Histoire du parlement de Toulouse*, t. I, p. 145), n'avait été rendu illisible en partie par l'effacement de l'écriture. En voici les premières lignes : « *Nota quod anno Domini millesimo quingentesimo vicesimo quarto et die octava mensis Marcii venerunt quedam nova in curia suprema parlamenti Tholose quod in Ytalia inimici regni Francie victoriam obtinuerunt in qua fuerunt capitanei maxima cum virorum illustrium ac regni magnatum copia, Francie que Vasconie nobiles occisi : et illustrissimus rex noster Franciscus primus hujus nominis simul cum rege Navarre captus apud hostes. Tunc vidisses dominos presidentes et dicte curie consiliarios de tanta perditione dolentes et flentes, Deum et Sanctos deprecantes*, etc. Dans le reste du récit on voit, ou, pour mieux dire (à cause des altérations et des lacunes du texte), on entrevoit qu'il est question d'une procession générale, et que, par l'ordre du premier président, on apposa dans l'église de Saint-Sernin les armes de François Ier, *super cereas faces magni ponderis*.

(1) Voir plus loin (première partie, à l'année 1542) une note sur le séjour de François Ier à Nérac, séjour resté ignoré non seulement de Dom Vaissete, mais encore de tous les autres historiens méridionaux et même de Samazeuilh qui, dans son *Histoire de l'Agenais, du Bazadais et du Condomois* (Auch, 2 vol. in-8°, 1846-47), a fait une si large place à la charmante ville qui devint sa patrie d'adoption.

faits de la première moitié du XVIe siècle. Celle qui se trouve au feuillet 40 est particulièrement remarquable. Elle a été inspirée par les prédications du célèbre moine Thomas Illyric (1), et l'on ne sait trop si certains traits qu'elle renferme doivent être attribués à la bonhomie ou à la malignité. Cette pièce de vers est surtout précieuse parce qu'on y voit certains tours de phrase dans un langage entremêlé d'italien, de français et de latin, où l'on croit reconnaître les paroles mêmes de l'ardent prédicateur. »

Voici le plan que j'ai suivi pour la publication du recueil Dudrot : dans une première partie seront groupées les indications relatives à l'histoire de la famille et la mention des événements grands ou petits de l'histoire locale; dans la seconde partie trouveront place les poésies en langue française, pieuses ou profanes, qui sont mêlées aux récits en prose. Les prières adressées à la Vierge avaient-elles déjà été imprimées avant d'être copiées par un des auteurs de notre manuscrit? Dans le doute, je n'ai pas osé les écarter. Ce sont de modestes *fleurettes*, dépourvues d'éclat et de parfum, mais qui sont protégées contre tout dédain par leur grâce simple et naïve, et aussi par leur extrême rareté, car, en supposant qu'elles aient été familières aux âmes dévotes du XVIe siècle, qui donc les connaît aujourd'hui? Quant aux pièces qui forment une série de chants historiques, ou si l'expression semble trop ambitieuse, une sorte de chronique rimée, elles ont été regardées comme inédites et comme très curieuses par des critiques dont nul ne contestera l'autorité : ils s'appellent Léonce Couture et Gaston Paris. Je me suis

(1) Voir sur Thomas Illyric (seconde partie, sous la première pièce de vers) une note où j'ai cherché à réunir un certain nombre d'indications qu'il y aurait à utiliser dans la notice approfondie, définitive, que l'on devrait bien consacrer à un personnage en qui tout fut singulier, le caractère, le talent, l'aventureuse destinée. En attendant cette notice, je renverrai les curieux à deux recueils où les renseignements sur le frère Thomas sont très abondants, la *Bibliothèque universelle des auteurs ecclésiastiques* par Ellies Dupin (XVIe siècle, IIe partie, p. 447-454) et les *Annales ordinis Minorum* du P. Luc de Wadding, où sept chapitres de l'année 1520 sont remplis de détails sur le *saint homme*.

demandé, un moment, si ces pièces n'avaient pas été composées par ce Dudrot que G. M. Imbert appelait complaisamment « gentil enfant d'Orphée. » Rien n'eût été plus naturel, me disais-je, que l'insertion dans le livre de famille des poésies d'un membre de la famille. C'était une si commode, une si séduisante occasion de mettre ses productions en bon lieu et sous bonne sauvegarde, comme dans le coffret de bois de cèdre auquel on confie les objets précieux, et d'en assurer ainsi pour toujours la conservation! Les faiseurs de vers sont tous — ou presque tous — si amoureux de leurs œuvres, si désireux pour elles de durables admirations! Il me plaisait d'avoir retrouvé un des poètes perdus de la vieille Gascogne, d'avoir découvert, pour emprunter à M. Léonce Couture sa spirituelle métaphore, « un invisible astéroïde de ce ciel poétique dont Ronsard est le soleil (1). » Mais ce n'était là qu'une fragile conjecture qui devait bien vite se briser contre l'inexorable chronologie. Les poésies appartiennent évidemment au premier tiers du XVIe siècle, et mon candidat d'une minute, Jehan Dudrot, le contemporain et l'ami d'Imbert, ne vint au monde qu'en 1534 (2). Il balbutiait à peine, quand les poésies en question circulaient déjà depuis quelque temps: il eût par trop mérité, en cet âge si tendre, le titre de *nourrisson* des muses. Laissons donc là l'invraisemblable, l'impossible idée qui m'avait tout d'abord souri. Résignons-nous à ignorer à la fois l'histoire des poésies de Jehan Dudrot et l'origine de celles qui ont été recueillies dans le livre de raison et qui, malgré leur étrangeté, peut-être même à cause de cette étrangeté, se recommandent à l'indulgente attention du lecteur.

L'appendice contiendra : 1° un document de 1541 sur la levée de la taille dans la ville de Condom, levée dont cette

(1) *Histoire littéraire de la Gascogne, G. M. Imbert*, dans le tome IV de la *Revue d'Aquitaine*, 1860.

(2) Imbert naquit, comme il nous l'apprend lui-même en son 98e sonnet, le 4 décembre 1530.

année-là, était chargé, avec ses collègues, le consul Michel Dudrot; ce qui explique l'inscription dudit document dans le livre de raison; 2° une table chronologique des naissances, mariages, décès énumérés par les rédacteurs successifs; 3° une table également chronologique des faits divers relatés dans le Mémorial (maladies contagieuses, accidents météorologiques, années fécondes ou stériles, famines, crimes, guerres, etc.); 4° une notice sur la filiation de la famille Dudrot depuis la première moitié du XVIe siècle jusqu'à nos jours, notice rédigée par M. Soubdès d'après les renseignements et documents fournis par les descendants actuels du consul de 1541.

Je voudrais que ma petite publication inspirât à plusieurs le désir de rechercher et de mettre en lumière les vieux mémoriaux de famille. Ma chère Gascogne, qui a trop négligé jusqu'à présent les travaux de ce genre, devrait bien imiter le zèle généreux avec lequel diverses provinces, notamment le Limousin, la Normandie et la Provence, arrachent aux ténèbres des archives privées les registres domestiques antérieurs à la Révolution. Je suis persuadé qu'on trouverait dans notre région, soit en fouillant les paperasses des vieux châteaux (1), soit en fouillant celles des anciennes maisons de la bourgeoisie, un grand nombre de ces documents qui sont à quelques uns des livres maintenant en renom, ce que sont les clairs ruisseaux de nos belles vallées aux ruisseaux

(1) On conserve au château de La Hitte un registre de la première moitié du XVIIe siècle, où Jean-Baptiste du Cos, seigneur de *Saint-Sever*, *réunit* (dessinés à l'encre de chine) quatre portraits de ses aïeux et le sien propre, accompagnés de notices et de copies collationnées des actes qui concernent chacune des cinq générations. Voir ce qu'en a dit M. le comte de La Hitte dans son très piquant article intitulé : *Un Gascon père de trente-deux enfants* (*Revue de Gascogne* de février 1891, p. 91-93). Rappelons aussi que M. le chanoine Jules de Carsalade du Pont a retrouvé le livre de raison des Puységur dans les archives du château de ce nom (canton de Fleurance, Gers), château en ruine dont il a fait une si pittoresque description en tête de son exquise notice sur *Jean de Montferrand, vicomte de Foncaude* (Bordeaux, 1891, p. 4). Le savant secrétaire général de la Société historique de Gascogne possède, dans ses archives personnelles, le livre de raison des Carsalade du Pont. Nous aimons à espérer que tous ces trésors seront bientôt en nos impatientes mains.

boueux des rues de quelques grandes villes. J'ai trop la haine des *clichés* pour insister, après tant d'autres *laudatores temporis acti*, sur le charme et l'importance de l'étude des récits où se déroule la patriarcale vie de nos pères, mais il me sera bien permis de constater que jamais cette étude n'a eu autant d'opportunité qu'en des jours troublés comme ceux où nous vivons et qui sont caractérisés par le mot à la mode : *c'est fin de siècle.*

PREMIÈRE PARTIE

Naisense

Mil cinq cens vingt (*sic*) et deux contant *a nativitate* la vespre de Noel *sur* le soir apres sope nascist Bertrand Drot filh legitime et naturel de Micheau du Drot et de Johanine de Maubin (1) conjoinctz a la parroiche de La Fite au lieu appelé a Bordieu du Bosc, jurisdiction de Moncrabeau. En ceste temps par la peste estions fouys de Mezin. Les eaues estoyt merveilleusement grandes (2), et ausi par peste toutz ceulz de Condom sen estoyt fouys, ausi ceulx de Moncrabeau.

(1) *Maubin* est la forme gasconne de Malvin. Sur les deux branches de la très noble et très ancienne famille de Malvin, Malvin de Lalanne et Malvin de Montazet, on peut citer Samazeuilh, *Dictionnaire de l'arrondissement de Nérac*, 1881, p. 526, et Jules de Bourrousse de Laffore, *Nobiliaire de Guienne et de Gascogne*, t. IV, 1883, p. 412, mais surtout la très ample (57 pages in-f°) et vraiment complète notice de d'Hozier dans l'*Armorial général ou registre de la noblesse de France* (Paris, Prault, 1764, t. V, seconde partie). On peut encore consulter sur la maison de Malvin le récent et remarquable ouvrage d'un descendant (par les femmes) des marquis de Montazet, M. le marquis de Dampierre (*Monographie du château de Plassac en Saintonge*, t. II, La Rochelle, 1890, grand in-8° de 431 pages). Tout ce beau volume est rempli de renseignements et documents sur les Montazet qui furent, jusqu'à la Révolution, seigneurs de la terre de Plassac, aujourd'hui possédée par le dévoue p[illegible] de la Société Nationale des Agriculteurs de France.

(2) L'archiviste de Condom, déjà loué dans les *Lettres de la famille de Montluc*, M. Joseph Gardère, après avoir bien voulu m'apprendre que l'on trouve, dans les registres de jurades conservés à la mairie de cette ville, de nombreux et curieux détails sur les diverses pestes mentionnées par les rédacteurs du livre de raison, ajoute que le premier de ces registres contient le passage suivant relatif aux *grandes eaues* : « Lo quart jour de nobvembre l'an susdit [1522] lo s[r] Alein d'Albret aneo de bita a trespas à Castetgellos et plagoc quatre jorns et quatre neytz ses sessa que bien petit dont las riberas de Garona, Bayssa, Gelissa, Lossa et autres generalement per tota la Franca vengon si grandas que noy damore pont, molins, maysos, bestials et se pergoc grant nombre de gens et a bita d'ome ne seran bistas ta grosas ni per ausi dize despus lo deluge. »

Naissance

L'an mil cinq cens vingt sept (1527) au moys de febrier en la ville et cité de Condom nasquit Miramonde du Drot filhe legitime et naturelle desdits conjoincts demeurant au logis et maison de Pierre pres du cimentiere (1) apartenente aux heretiers de la maison de Berdolet.

[*Ce qui suit est d'une autre écriture et d'une encre différente.*]

Au quel temps je estoys a Thoulouse et peu apres fus averti par lettres comme ladite filhe estoyt nee audit temps et moys, du jour ne fust point escript, laquelle filhe tindrent aux fons Anthoine Barbache et Miramonde de [*en blanc*] sa fame.

Lundy vingt septiesme du moys de mars mil cinq cens trente ung (1531) nasquist Anthoine du Drot fils dudit du Drot et Anna du Faur (2) conjoinctz heure entre quatre cinq apres midy.

Il moreust au moys dapvril mil cinq cens trente 4[tre] (1534) son pere estant en chemin a Lion, qui partist le dimanche apres disné, le dimanche suyvent apres Quasi modo et le lundi le susdit enfant morust de la berole sive de la picotte qui regnoyt merveilleusement en ce temps, et lui creva ung œuil, puys par ung chattarre (3) les dens lui tombarent de sa bouche de quoy il moreust et plusieurs aultres de la dite picotte.

Naysence

Dimenche XIII de jullet jour de sainct Bone adventure a heure de six heures mil cinq cens trente troys (1533) apres midy nasquist G[met]

(1) Dans la langue gasconne actuelle le cimetière est appelé *cementeri*.

(2) Cette Anna ou Anne du Faur était sœur de la femme de *Mosgr de Batz* dont le décès est signalé plus loin parmi les plus *aparans*. Existait-il quelque parenté entre Anne du Faur et la famille illustrée par le magistrat-poète, Guy du Faur de Pibrac? Cette famille, regardée communément comme languedocienne, était bien plutôt gasconne. L'historien Auguste de Thou, en ses *Mémoires*, a eu soin de rappeler qu'elle est originaire d'Auch, et il la connaissait bien, car il était lié avec Pibrac et avec un des frères de ce grand personnage, le président de Saint-Jory, comme j'ai tout récemment eu l'occasion de le rappeler (*Billets languedociens inédits extraits de la Méjanes*, Toulouse, 1891, p. 2).

(3) Imbert (sonnet v. p. 19), se plaignant d'avoir été, en sa jeunesse, éborgné par la maladie, a dit :

> Un catarrhe m'osta moytié de ma lumière.

Du Bartas (*Sixiesme jour de la Sepmaine*) adopte une autre forme :

> Mais comme l'œil qui n'est offencé d'un catherre.

[Guillaumet] Drot filz dudit Micheu Drot et Anna du Faur sa mere, lequel tint aux fons de baptesme G^me^t Barre nostre cosin germain (1) avecque Mariane du Faur a Condom.

Le 13 du mois de decembre 1599, le dit Guilhaumet est mort sur l'heure de dix heures du soir.

1534

Jour de dimenche IIIIme de octobre et jour de sainct Francoys nasquit Jehan Drot filz de ceulx qui dessus de matin a heure entre nef et x, lequel tint aux fons de baptesme Johanot du Bosc filz de Seailhes et sa fame Katherine aussi tante dudit enfant et est mort le 25 mai 1590 (2).

Naicence.

Sabmedi xxvme de decembre mil cinq cens trente cinq nasquit Micheau du Drot mon filz (3) et de Johannote Dymas ma fame a heure de VI heures et bien pres de sept de matin jour de Noel apres que sa mere eust receu son createur au convent des carmes, apeyne eust elle loysir de sen revenir dudit convent pour les maulx de enfanter qui la pressoyent, lequel tint aux fons de baptesme mon frere Micheau du Drot marchant et Anna du Faur sa fame [*Ce qui suit est d'une autre écriture*] et mourut dans lan et navoyt pas passes ou [*Le papier manque*].

1536

Le dimenche xxixme de apvril et jour sainct Pierre martir nasquist Jehane du Drot (4) a heure de cinq heures de matin, fille de ceulx

(1) Les Barre étaient nombreux à Condom au XVIe siècle. Voir dans le fascicule VI des *Archives historiques de la Gascogne* (p. 77) une note sur Pierre Barre (le capitaine Cazalis).

(2) C'est ce Jehan Dudrot, né quatre ans après Imbert, qui fut son confrère en poésie. Croyons que les vers de Dudrot, qui ont tous péri, valaient un peu mieux que ceux de son ami, qui ont surnagé. *Habent sua fata... versiculi.*

(3) Le père de l'enfant ci-dessus, le mari de Johannote Dymas, doit être Pierre Dudrot, licencié, qui figure avec ce titre au cadastre de 1536 (f° 110). Son nom était sans doute inscrit sur un feuillet précédent, qui a disparu, où devait se trouver la naissance de son premier enfant. Micheau ci-dessus serait le second, puisque celui qui vient après est dit *lo tiers* (le 3me). D'après la rédaction des actes de cette époque, on voit que c'est ce Pierre Dudrot qui tient ordinairement la plume pour toute la famille, sans doute à cause de sa qualité de licencié. Il se dit frère de Micheau Dudrot. (Communication de M. Soubdès).

(4) Mariée à M. Mr Jehan Thouzin. Voy. plus loin.

qui dessus, laquelle ma fame et moy tigmes aux fons de baptesme, son pere estant à Lyon.

A ceste année le prin temps fust pleuvieux et facheux tant en gelees (*sic*) et ny eust gueres fruytages occasion dung froyt qui gasta les fleurs des arbres.

Naysence.

Lan mil cinq cens xxxvii et le jour sainct Michel de vendenges nasquit le tiers enfant de ma fame le quel nestoyt point a son terme quar navoyt passes vii moys et demy le quel fust apporté aux fons de baptesme par mossg[r] le conterolleur notre cozin avec la fame de Jehan Daubergne hoste (1) de Condom et morust ii heures après.

Naycence.

Lan mil cinq cens trent huit et le dixiesme de septembre a hure de sept heures de matin nasquist Jehane du Drot ma fille laquelle tignt aux fons de bapteme g[met] [Guillamet] et Jehan du Drot mes nepveus et Anne du Faur leur mere leur presta la main pour ce que les dits enfans estoyt par lors petiz, le mardi rier au demain de la foere de Francescas fust ce faict a Condom (2).

1539

Mardi xxviii de octobre jour de sainct Symeon et Jude sur le soer heure de dix heures sonnèes nasquist Margerite du Drot filhe de mon dit frere et sa fame Anne du Faur, laquelle filhe tindrent aux fons de baptesme sire Jehan du Luc (3) et sa fame Marguerite de Labberio (4).

(1) Aubergiste.

(2) Cette phrase n'est pas très claire. Il est probable que le rédacteur, écrivant dans la semaine qui suivait l'événement, a voulu dire : « Cela fut fait à Condom, mardi dernier, le lendemain de la foire de Francescas. » Cette foire, qui est très ancienne, se tient toujours le 9 septembre. Or, en 1538, le 9 septembre était un lundi. Dans l'ancien français, *rière* signifiait *en arrière*. Voir Roquefort. *Glossaire de la langue romane*, et Littré, à l'étymologie du mot *dernier*. (Communication de M. Soubdès.)

(3) La famille Duluc est très ancienne. Le château du Luc récemment détruit était à 4 kilomètres de Condom, paroisse de Poumaro. Il se trouve sur la carte de Cassini, mais non sur la carte de l'Etat-major. Dans le livre de raison on voit (f° 25) Frise deu Leuc, belle-sœur de Jehan Dudrot. (Communication du même.)

(4) Probablement la sœur de Jean-Paul de Laberie, un des *trois poëtes Condomois* célébrés par M. Léonce Couture en 1877. Le nom primitif était *Labe*.

En ceste temps habions faulte de pluye et le monde ne povoyt semer les blez faulte de pluye les laboreurs enuys (1)...

Naysence.

Lan mil cinq cens XLI (1541) et le jour de capdan (2) octave de Noel qui avoyt esté en jour de dimanche heure de huyt heures de matin nasquist Guirault du Drot nostre filz filheul de mossg[r] de Dymas son grand pere et Johane de Bobis sa grand mere. En ce temps lannee avoit esté asses fertille ou *les vivres estoyt asses a bon* marché.

Naysence.

Lan mil V[c]XLII (1542) et le jeudy XXVI doctobre questoyt lendemain la feste sainct Crespin heure de cinq heures sonnées de soir nasquist Pierre du Drot filz de mondit frere, lequel tignt aux fons M[e] du Drot juge de Moncrabeau avec sa fame. Ce temps estoyt asses bon. Le bled a viij s. [sous] la cartau, le vin nobeau a troys liars et VIII D[eniers] le pot. Le samedi apres ensuyvant fist son entree le Roy Francoys a Nerac avec son filz dorleanx, madame Marguerite sa filhe, le cardinal de Lorreyne et aultres cardinaulx, lesquels viz le lundy apres a leur departement et estoyt venus par eau depuys Tholoze decendre au Port Saincte Marie pour venir a Nerac ou estoyent le Roy et Royne de Navarre (3). Puys de jours apres vingt le daulphin audit lieu et sa fame pour voir leur tante.

Celui qui fut conseiller se latinisa en *Laberio* qui en français devint *Laberie*. (Communication du même.)

(1) Le dernier mot est très effacé. La phrase est incomplète, cependant le papier ne manquait pas. Puisque nous sommes ici entre 1539 et 1541, c'est l'occasion de rappeler que parmi les ruines du couvent des Cordeliers de Condom, se trouvent encore quelques restes des chapelles de l'ancienne église. Au-dessus de l'entrée d'une de ces chapelles, on voit sur une pierre cette inscription en grandes lettres : *Cest la chapelle de Mrs* DVDROT *réparée par M[r]* DVDROT *coner* [conseiller]. 1640. (Communication du même.)

(2) Premier de l'an.

(3) Par une singulière fatalité, toutes les relations contemporaines sont muettes sur le voyage de François Ier dans les derniers jours d'octobre 1542. Les écrivains postérieurs ont imité ce silence. Nous avons déjà vu qu'un des historiens les plus exacts que l'on connaisse, Dom Vaissete, n'a pas été mieux informé que les autres historiens régionaux. Ce vénérable érudit n'a rien su des mouvements de la cour depuis le 17 octobre, où il nous montre (t. XI, p. 269) le roi à Toulouse, vers lequel, ce jour-là, députent les Etats de Béziers, jusqu'au 7 décembre où François Ier, « ayant continué sa route vers la Guienne, donna un édit à Cognac. » Ayant appelé sur une telle lacune l'attention du principal annotateur de l'*Histoire générale de Languedoc*, le savant M. A. Molinier, il m'a fait l'honneur de m'écrire qu'il n'avait rien ajouté sur ce point au texte de Dom

[*Pardon général*]

L'an mil VCXLIII (1543) et le dimanche xxiiii de feubrier heusmes ung pardon general portant remission planaire de tous cas exceptes tant sullement les veuz de chasteté et Religion que estet le dimanche gras ou chacun receust notre Seigneur et jeunasmes troys jours tout pour avoir paix de entre les Roys et temporene (1).

Despuys lan mil cinq cens quarante cinq et le premier jour de may, jusques a laultre moys de may apres, mil VCXLVI (1546) morurent en *Condom mainctes persones tant par exces (accès?) que par une fieuvre* continue que l'on appelle mal chault le nom desquiels ay icy mys que quessoyt des plus aparans.

Mosg^r de Condom Herard de Grosolles evesque (2).

Mosg^r le prieur Jehan de Laumont (3).

Mosg^r ladvocat Castanea (4).

Vaissete, qu'à l'exemple de son illustre devancier, il n'avait pas suivi le roi à sa sortie de Languedoc, mais qu'il mentionnerait le renseignement nouveau dans les additions et corrections du tome XII. La publication toute récente du tome IV du *Catalogue des actes de François Ier* (Paris, imprimerie Nationale, novembre 1890, in-4°) me permet de citer un document officiel qui confirme parfaitement le témoignage de notre chroniqueur et qui concerne un des diplomates les plus habiles qui aient été fournis à la France par la Gascogne, le futur évêque de Valence : « Mandement au trésorier de l'Epargne de payer à Jean de Monluc, abbé de Hautefontaine et ambassadeur du roi à Venise, 2475 livres pour cent quatre-vingts jours d'exercice de sa charge. NÉRAC, 30 octobre 1542 (p. 381). »

On voit par un autre document de la même page que François Ier était encore à Toulouse le 27 octobre, veille de son arrivée à Nérac, ce qui prouverait que le voyage s'effectua bien rapidement, même en supposant que la Cour partit de la capitale du Languedoc d'assez bon matin et qu'elle arriva assez tard dans la capitale de l'Albret.

(1) Les Quatre-Temps. On dit aujourd'hui dans le Condomois :

Las Tempouros de Nadaou
Dejuados que las caou;
Las de Pentocousto
Las dejue qui pousco.

Voy. du Cange, v° *Temporalia* (communication de M. Soubdès).

(2) Hérard de Grossolles était un des fils de Jean de Grossolles, chevalier, baron de Flamarens et de Montastruc, qui s'était marié, comme nous l'apprend le *Dictionnaire de Moréri* (t. v. p. 491), au château de Lauzun, en présence de Jean de Caumont, seigneur de Lauzun, avec Anne d'Abzac (29 mai 1466). Sur l'épiscopat de Mgr de Grossolles, qui avait été d'abord abbé de Simorre, voir, outre les historiens régionaux (Dom Brugèles, chanoine Monlezun), *Gallia Christiana*, t. II, col. 968.

(3) Jean de Laumont succéda à Manaud de Laumont comme prieur de Saint-Jacques. Il est probable qu'ils étaient des Léaumont-Puygaillard, mais je n'en ai jamais trouvé la preuve (communication de M. Soubdès).

(4) C'est le mot Castaing latinisé (*idem*).

Mosgr de Batz (1).

Me Pierre de Faur.

Guillaume Barre conterolleur.

Michel du Drot marchant.

Raymond de Berenjon (2).

Mathieu Coppin.

Johanot Thozin.

Madone de Berdolet (3).

Nicholas Despaze barbier.

Antoine Molie.

La fame de Anthoni Molie.

Mosgr Bertrand de Dossa.

Mosgr Johan du Brocca.

Pierre dez Pres dict Garron qui mourust au logis du bastard (4) Cabdet Arros.

Mosgr lofficial Costeres.

Mosgr Johan Levangeliste de Ferran.

Le Me Sans Alemant tailheur dymages (5) qui mourust en Espaigne questoyt marié à la fille de Braylette Tamisier.

Mosgr de Moches avocat qui mourust le x de juillet mil vcxlvj [1546].

Estiene Bopille medeci.

(1) Ce de Batz avait épousé une fille de Mathieu du Faur, dont il ajouta le nom au sien. Il serait difficile de le rattacher aux illustres de Batz, car les généalogistes ont soin d'omettre les personnages qui ne sont ni d'épée ni d'église. Je croirais volontiers qu'il *pourrait provenir* de ces Batz-Castelmore dont l'un épousa Anne de Labit, qui fut dotée de mille livres par son cousin le maréchal de Monluc. Les Batz-Castelmore descendraient d'Arnaud de Batz, marchand de Lupiac, lequel serait un bâtard de la maison illustre. Voir sur cette question une notice de M. Paul Laplagne-Barris dans la *Revue de Gascogne* (t. XXIV, pp. 153, 400, 350, et t. XXVI, p. 243, et aussi le fascicule I des *Archives historiques de la Gascogne*, p. 179, note I). Cf. le *Nobiliaire* d'O'gilvy (t. I, p. 461; t. II, p, 393). (*Idem.*)

(2) C'était le fondateur de la chapelle de Piétat. Voir l'excellent petit livre de M. l'abbé Ferran sur la *Dévote chapelle de Notre-Dame de Piétat* (1888, in-18). Je mentionne avec reconnaissance ce volume qui m'a révélé l'existence du livre de raison des Dudrot (p. 31).

(3) Catherine d'Ombrac, veuve de Peyronnet de Gessac (communication de M. Soubdès),

(4) Le mot *bastard* a été rayé.

(5) Il est probable, comme le suggère M. J. Gardère, que cet *imagier* avait dû être employé par l'évêque Jean Marre à *tailher* les retables et statues qui ornaient sa belle cathédrale. Du reste on ne connait aucun des artistes qui travaillèrent à élever et à décorer un des plus remarquables monuments de la Gascogne.

Mosgr le secretaire Oliverio [Olivier latinisé] (1).
Mosgr le camarier Raymond de Bosset.
La dame de Mathieu Coppin la vieilhe.
Estienne du Goa.

Lan mil vc45 (1545) et le 8 daoust nasquit unne notre filhe de la quelle ma fame se gasta ledit jour environ xi heures de matin avant disner pour ce que nestoyt a terme car navoyt plus hault de vi moys et morust lendemain heure de vespres laquelle Mosgr de Dymas et sa fame tindrent aux fons et fust par eux baptizee au thos (2).

Et le dit tremblement de terre dura environ le temps de la diction d'un *pater* et ung *ave maria* qui causa de l'estonnement à tous (3).

Lan mil cinq cens quarante six et le xe du moys de juillet ung jour de sabmedy de matin heure de six heures sonnées nasquist Loys du Drot notre filz lequel faulsist aussi baptiser au thos et puys apporter aux fons lequel fust tenu ausdits fons par Me Loys le cotellier et Johanette Doret sa fame. En ce temps fezoyt gros chault et regnoyt grosses malledies de fieuvre chaulde sive mal chault.

Mariage.

Le xixe may 1560, je Jehan deu Drot (4) fils de Micheu deu Drot, ay espouzé ma fame Margaride de Moullié et mon frere (5) epoza ca fame Jehane Trelles aucy le dit jour tous encemble a la chapelle de Nostre Dame de Piatat dehors la ville et apres allames disner au bourdieu du Pin. Et deceda le dit du Drot le 25 may 1590 et la dite de Mollié le 27 janvier 1607.

Nexcance.

Le dernier jour de febvrier mil cinq cens soixante et un nasquict mon fils Oddet deu Drot et tien aux fons de batesme mon beu frere Oddet Moullie et ma mere Agne deu Faur. Moreust le dit sr Dudrot conseiller guarde des seaux le 17 jung mil six cens unze.

(1) Entre les deux lignes se trouvait une ligne qui a été raturée et où on peut lire encore : « Me Antoni de Costa, advocat. »

(2) C'est-à-dire l'auge en pierre installée auprès des maisons pour recueillir les eaux pluviales. Dans la langue populaire de la Gascogne le mot *tos* désigne en général toute espèce d'auge pour faire manger ou boire les animaux.

(3) Le commencement de la relation de ce tremblement de terre devait se trouver en regard, sur un feuillet qui a disparu (communication de M. Soubdés.)

(4) Voyez plus haut sa naissance.

(5) Ce frère s'appelait Gilhames.

Nexcance.

Le segont jour de may mil cinq cens soysante deux nasquict mon fils Gilhames deu Drot et tient a la fonct de baptesme mon frere Gilhames deu Drot et la fame (1) de Oddet Moullié Frizc deu Leuc ma belle soeur et y abouet grant gerc (guerre) quar ceux de la Religion abouet sesy toutes les billes aux enbirons Leytoure Agen Nerac Moncrabeu Mesin Monreal Quastetgelos [Casteljaloux] et plesieurs autres et Condom feut esté sasy sy ne feut que la companie deu roy de Nabarre estouet dedans.

Le dit Gilhames de l'autre part escript moreut le x[e] april 1589 que feuct tué par les Hugaus (2) de Nerac sen retornant de la guere abec plieusieurs autres.

Nexcance.

Le xxiii[e] nobanbre mil cinq cens soxante et troues nasquit ma filhe Jehane deu Drot et tien aux fons de baptesme mon oncle mo[nsieu]r mestre Jehan deu Drot et ma belle seur Jehane Trelles et nasquict au bourdieu de Vinhau pour ce que abions abandoné la ville par le grant danger de peste que il y abouet dans ladicte ville de Condom et par tout le pais.

Et est decedee le 10 avril 1592.

(1) Après *famo* on lit les deux mots « Janon Trelles » rayés.

(2) Signalons cette nouvelle forme d'une appellation qui, d'après le *Dictionnaire* de Littré, « parait se trouver pour la première fois dans une lettre du comte de Villars, lieutenant général en Languedoc, du 4 novembre 1560. » De la forme *Huguenaulæ*, adoptée par Villars dans le document que cite Dom Vaissete, de la forme *Hugaus* donnée dans le présent livre de raison, rapprochons la forme *Huguenaulæ*, qui figure dans une lettre de Blaise de Monluc, du 19 août 1562 (édition du baron de Ruble, t. iv, p. 152), et la forme *Hugoneaulæ*, que l'on remarque dans un document antérieur à tous ceux qui viennent d'être allégués, le procès-verbal dressé par le juge de Monclar contre divers habitants de cette ville, de la nouvelle religion, pour assemblées séditieuses, du 17 janvier 1560 (v. st. Voir mon recueil de *Documents inédits pour servir à l'histoire de l'Agenais*, Agen, 1885, in-8°, p. 72.) — Une longue lettre espagnole écrite de Rome, le 27 septembre 1561, par le P. Perpina, jésuite, et publiée dernièrement dans une thèse latine sur ce brillant humaniste (*De Petri Ioannis Perpiniani vita et operibus, thesim proponebat* Bern. Gaudeau. Paris, Retaux-Bray, 1891), on trouve la forme vulgaire usitée alors à Montpellier, *uganaus*, et de plus une étymologie qui doit s'ajouter à toutes celles qu'on a déjà proposées de ce mot : *uganau* viendrait de *uga*, hibou (voir *ugou* dans le *Dictionn. prov. franç.* de Mistral), parce que les hérétiques, avant d'oser agir à découvert, « bazian de noche sus tristes ayuntamientos por los rincones a modo de coruzas. » M. Mérimée, prof. de littérature espagnole à la faculté des lettres de Toulouse, déclarait, à la soutenance du P. Gaudeau, que cette étymologie lui paraissait préférable à celles que donne le Dictionnaire de Littré. (Communication de M. Léonce Couture.)

Nexcance.

Lan mil cinq cens soysante et cinq et le xie septembre nasquict ma filhe Catarine deu Drot (1) et tint a la fonct de baptesme Jehan du Bousc et ca fame Catarine deu Faur ma tante et seur de ma mere.

Nexcance.

Lan mil cinq cens soysante et sept et le xxiiiie mars nasquict mon filz Betran deu Drot et tien à la fonct deu batesme Betran Sangentis et ca fame Agne deu Bousc.

Le dit enfant est mort le xviiie de may 1585.

Nexcance.

Lan mil cinq cens soysante et huict et le xie no[vem]bre nasquict Jehan deu Drot mon filz et tien a [la] fonct de baptesme son frere Oddet et ca seur Jehane deu Drot.

Et ledit enfant moreut un ang et demy apres.

1572

Nexcance.

Lan mil cinq cens [sep]tante deux et le xie janbrie nasquict ma filhe Catarine deu Drot et tien a la foncs deu baptesme sire Gilhames Fresquet et ca fame Catarine de Quxcan.

(*Après* naissance *ci-dessus on a ajouté :*) Est mort le 9e apvril 1639.

1574

Nexcance.

L'an mil cinq cens septante et quatre et le iiiie mars nasquit mon filz Jehan Deu Drot et tient a la fouct de baptesme son frere Betran et sa seur Catarine pour ce que le premier jour deu dit mois les armes feurent prinzes par toute la France et le 8e apvril an seusdit mon frere Gilhames sen benant de Bourdeulx feut prins prisonie par les Uchanautz (2) et mené a Quastet Gelos et paya de ransun onze cens escus sol à 3 l. [3 livres] piece.

Le dit Jehan de lautre part escript moreut le 7e jung 1586 et feut enpouzoné et ne demeu[ra] mallade que trois jours.

(1) Mariée à Me Jehan Perricot, lieutenant criminel.

(2) Les philologues remarqueront cette nouvelle variante du mot *huguenots*.

Nexance.

Le xie mars 1579 naquict mon filz Jehan Miqueu et tient a la fonct de batesme Jehan Parrabere et sa seur Catarine Deu Drot.

Ledit enfant mourut ung an apres.

Neysance.

Le ve julhet 1581 naquict mon filz Bernat Deu Drot et tien au font de batesme mo[r] de Mellet et sa filhe Gasparde de Mellet ma belle seur (1).

Moreut le dit enfant le vi[e] janbrié 1583.

Mariage.

Le vingt deusiesme apvril 159. (2) ie Odet du Drot ay espousé ma femme Marie de la Crompe a leglise de Saint Martin pres La Plume.

Est morte la dite de Lacrompe le 19e septembre 1642.

(1) Au commencement du xvie siècle, les Mellet, de même que les Dudrot, étaient au nombre des riches habitants de Condom. Il y aurait beaucoup à dire sur ces Mellet. Il n'en existe plus de représentants mâles, mais leur descendance féminine se retrouve encore dans les deux branches principales. L'aînée est représentée à Condom par la famille de Cugnac, la seconde au château de Bonas par Madame de Rumfort, fille de M. Faget de Quennefer (de Marmande) et petite-fille du dernier Mellet de Bonas. O'Gilvy, dans son *Nobiliaire de Guienne* (t. II, p. 74), a inséré la généalogie des Mellet, seigneurs de Faudon, et dans un long préambule il explique une erreur de d'Hozier qui donnait aux Mellet de Condom la même origine qu'à ses clients. Saint-Allais s'est occupé de la généalogie des Mellet du Périgord dans son *Nobiliaire universel* (t. XI, p. 132). (Communication de M. Soubdès.) — A la note de mon excellent collaborateur j'ajouterai quelques indications. Un érudit qui apporte dans l'examen des questions généalogiques autant de conscience que de sagacité, M. Leo Drouyn a complété et rectifié le travail d'O'Gilvy (*Variétés Girondines*, dans les *Actes de l'Académie de Bordeaux*, 1879, p. 200-210). Mon amie à jamais regrettée, Madame la comtesse Marie de Raymond, m'avait jadis montré un dossier assez considérable de documents relatifs aux Mellet, aujourd'hui conservé dans le fonds qui, aux Archives départementales de Lot-et-Garonne, porte le nom de la généreuse donatrice. Ce dossier, où je me souviens d'avoir vu un arbre généalogique de dimensions très considérables, un arbre très *touffu*, comme je m'amusais à le dire, serait à consulter le jour où quelque sérieux travailleur voudrait, à l'aide des pièces imprimées et des pièces inédites, dire le dernier mot au sujet des Mellet. Comme les seigneurs de Faudon (domaine situé dans la commune de Saint-Pierre de Nogaret et possédé par mon cher parent et ami M. Charles de Ricaud) furent aussi quelque peu seigneurs de Gontaud, j'ai eu l'occasion de recueillir quelques actes relatifs aux interminables procès que soutinrent les consuls de ma ville natale contre leurs terribles voisins : je les publierai ou les analyserai dans mes *Notes et documents pour servir à l'histoire de Gontaud.*

(2) Le dernier chiffre de l'année est enlevé.

Le vingt uniesme mars 159. (1) est né mon filz Jehan sur les huict heures du soir et l'ont tenu sur la font du baptesme Guilhaume du Drot mon frere et damoiselle Marguerite de Mollié ma mere.

Nessance.

Le vingt neufiesme may 1599 heure d'une heure apres midi est nee ma fille Marguerite du Drot et a esté tenue sur la font du baptesme par Mr Mr Berard La Crompe conseiller d'Agen (2) mon beau frère et damoiselle Catherine du Drot lieutenante crimineile ma seur.

Et est morte le 13 aoust aux an [que dessus] à cinq heures apres midi.

Naissance.

Le tretsiesme iuin mil six cens, et une heure apres minuit est née ma fille Catherine du Drot laquelle a esté tenue sur les fons de baptesme par Mr Mr Jehan Perricot lieutenant criminel (3) et damoiselle Catherine du Drot ma sœur sa femme. A espousé Mr Mr Guillaume Labat advocat et [lieutenant] particulier audit siège [*Cette dernière phrase a été raturée*]. Depuis a esté mariée avec Mr de Nicolas (?), bourgeois de la ville de Gimont (4), et est morte le.....

Naisance.

Le 9 may 1601 ma femme savorta dun enfant qui neust baptesme.

Le 23 iuillet 1602 heure de trois à quatre est née ma fille Marguerire et a este tenue le 25 aoust aux an [que dessus] sur le fons de baptesme par Mr Me Jehan Audieur conseiller du Roy en la presant ville de Condom et damoiselle Marguerite du Guy sa femme.

A esté mariée avec Mr Me Alem Arnauld Daston coner du Roy au siege preal [présidial] de la prt [présente] ville et est morte le premier juillet 1651 entre trois et quattre heures du matin du susdit jour.

(1) Le dernier chiffre parait être un 6. La naissance enregistrée au verso du feuillet est de 1599. Les deux articles ci-dessus doivent être peu antérieurs (Note de M. Soubdès).

(2) O'Gilvy a donné en son *Nobiliaire* (t. I, p. 55) une généalogie de La Crompe de la Bessière. Cette généalogie ne commence qu'en 1615, faute de documents, mais on voit que c'était déjà dans les dernières années du XVIe siècle une famille de magistrats à la cour présidiale d'Agen.

(3) Il existe sur la famille Perricot une notice généalogique de 4 pages par Magny. (Communication de M. Soubdès.)

(4) Il y avait à Gimont une famille *de Nicolas*, à laquelle appartenait un célèbre professeur de droit canonique à l'Université de Cahors, auteur de l'*Enchiridion perelegans, in quinque titulos diductum, universam sacerdotiorum materiam complectens* (Lyon, 1550, in-4o). (Communiç. de M. Léonce Couture).

Nessance.

Le dixiesme iuillet 1603 heure de dousè heures apres minuit est née ma fille Marie et a esté tenue sur le fons de baptesme par mon cousin Jehan Mollié et ma belle sœur Blasiette de Ranconet (1) et est decedée le 24 dudit mois heure de douse heures apres midi.

Le troisiesme fevrier 1605 est née ma fille Jehane du Drot sur l'heure de dix heures du soir et a esté tenue à baptesme par M[r] Me Jehan Thousin advocat et damoiselle Jehanne du Drot sa femme et est morte le vingt quatrieme octobre mil six cens cinq, heure de deux heures apres minuit.

Nessance.

Le vint huitiesme aoust mil six cens sept sur l'hure de six heures de matin iour de sammedi est né mon filz Odet du Drot a Bordenave moy m'y estant retiré à cause de la peste et a esté baptisé a Siurac (2) par mon filz Jehan du Drot et ma fille Caterine.

Et est mort le 17 decembre 1608 sur les quatre heures du matin.

Nessance.

Le quatorsiesme ianvier mil six cens unze sur l'hure de dix heures de nuit mest née ma fille Marie du Drot et ay pencé perdre ma femme qui a demuré dix iours au travail dudit enfantement; et a esté tenue le 22 dudit mois sur le fons de baptesme par Jehan du Drot et Marguerite du Drot mes enfans.

Est morte ladite Marie le 18e jan[er] 1621, sur l'heure de trois à quatre heures du soir.

Le dix septiesme jour du moys de jung mil six cens unse que Monsieur Maistre Odet Dudrot quand vivoict con[er] et guarde des seaux (3) au siege de la presant ville mourust a six heures du soir en foi de quoy je Bertrand du Faur son clerc (4) a escript le present memoyre.

(1) Faut-il saluer dans cette *Blasiette* une parente de l'admirable érudit du XVIe siècle que j'ai cherché à ressusciter dans mon mémoire intitulé : *Un grand homme oublié. Le président de Ranconnet* (Paris, 1871)?

(2) Dans le voisinage de Siurac, il y a deux endroits du nom de Bordeneuve, l'un sur la route d'Agen, près de Séoulí, l'autre à l'est de Hugaut. (Communication de M. Soubdès.)

(3) Les mots : *et guarde des seaux*, ont été ajoutés d'une autre écriture.

(4) Il y avait d'abord : son *procureur ay* escript. Les mots *clerc a* ont été ajoutés par-dessus la rature, d'une main qui n'est pas la même que celle qui a ajouté *et guarde des seaux*.

Mariage.

Le dernier dapvril 1619 je Jehan Dudrot ay espousé ma fame damoiselle Jehanne de Raymond (1) a neuf heures du matin dans l'eglise des religieuses de l'Ave Maria dans la ville d'Agen.

Est morte madite famme le 27e octobre 1621, entre une et deux heures apres minuit.

Naissance.

Le 19e mars 1620 à trois heures apres minuit est né mon filz Robert et a esté donné à baptiser à Mr Me Robertde Raymond conseiller mon beufrere (*sic*) (2) et à damlle Marie de Lacrompe ma mere et a esté baptisé par les susnommés.

Est mort le 26e feb[vrier] à 9 heures le matin lan 1629.

Naissance.

Le 16e febvrier 1621 est né mon filz Jean à lheure dentre deux et trois apres midy et a esté donné à baptiser à Mr Me Jean de Lacrompe conser mon oncle et damelle Serene de Redon ma belle mere (3).

Est mort ledit Jean 5 sepmenes apres avoir esté né et avoir eu l'eau le 25 mars 1621.

Mariage.

Le 23e 8bre 1622 je Jean Dudrot ay espousé ma famme damelle

(1) C'était une Raymond de la célèbre famille agenaise. Le mariage de Jean Dudrot avec Jeanne a été mentionné par le docteur Jules de Bourrousse de Laffore dans sa généalogie *Du Bernet* (*Nobiliaire de Guienne et de Gascogne*, t. III, p. 357) et, avec plus de détails, dans sa généalogie inédite de la maison de Raymond. Voir ce que j'ai dit de ce travail à la fin de ma notice sur *Madame la comtesse Marie de Raymond* (Auch, mai 1886, p. 19).

(2) Voir sur Robert de Raymond le *Livre de raison des Daurée d'Agen*, par M. Georges Tholin (Agen, 1880, in-18). Le savant archiviste du département de Lot-et-Garonne a très habilement résumé, dans les notices sur les aïeux de la comtesse Marie de Raymond, les livres de raison successivement rédigés par les descendants de Robert, lequel fut, comme son père Jean et comme son grand-père Robert Ier de nom, conseiller du roi au siège présidial d'Agen.

(3) Serène de Redon avait été mariée, le 13 juillet 1581, avec Jean de Raymond, qui mourut le 5 mars 1606 et qui était le frère de mon héros, le fameux controversiste *Florimond de Raymond, conseiller au parlement de Bordeaux*. C'était la fille de Pierre de Redon, écuyer, sieur du Limport, lieutenant principal en la sénéchaussée d'Agenais. Voir sur ce magistrat les *Documents inédits pour servir à l'histoire de l'Agenais*, p. 92. D'Hozier a dressé la généalogie de la famille de Redon.

Marie Du Bernet à cinq heures du matin dans leglize Sainct-Pierre à Bourdeaux.

Est morte ma susdite famme le 27e may 1669 entre 12 et une heure dapres midy (1).

Naissance.

Le 8e 9bre 1623 a onze heures du soir est né mon filz Salomon et a esté donné à baptiser à M. Du Bernet advocat au Parlement mon Beau pere et à damelle Jeanne Disracl sa femme ma Belle mere.

Est mort le dit Salomon mon filz le 24e 8bre 1624, entre deux et trois heures apres minuit.

Naissance.

Le 24e xbre 1625 est née ma fille Jehanne a trois a quattre heures avant jour, et a esté donnée à baptiser à M. Du Bernet mon Beau pere et damelle Jehanne Disrael ma Belle mere.

Est morte ladite Jehanne le 20 8bre 1626.

Naissance.

Le onziesme Decembre 1626, est nee entre quattre et cinq heures de matin ma fille Catherine, laquelle a esté donnée à baptiser à M. Me Jehan de Lacrompe jadis ccner au siege Dagen [d'Agen], mon oncle, et à damelle Catherine Dudrot ma tante famme au sr de Molinis Dastafort [d'Astaffort]. A esté baptisée [*ici un vide dans le manuscrit*]. A esté mariée à M. Me Jehan Dupuy sr de Lahite du lieu de Cazaubon en Armagnac comme apert de ses pactes de mariage du 12 apvril 1653 retenus par Dupuy et a espouzé en ville a lesglise St-Michel le 26 sus-dit mois et an.

Naissance.

Le 26e janvr 1628 est né mon filz Jehan, entre cinq et six heures du soir, et a esté donné à baptiser à M. Me Jehan Du Bernet cr [conseiller] du Roy en la cour du Parlement de Bourdeaux mon Beau frere et Dlle Marie Du Bernet fame à M. Me Priesac adt [avocat] et Docteur

(1) Marie du Bernet appartenait à la famille qui allait fournir un premier président au parlement d'Aix, puis au parlement de Bordeaux, Joseph du Bernet, le grand ami de Peiresc. C'était la cousine-germaine du premier président. Voir la *Notice du Bernet* dans le tome III du *Nobiliaire de Guienne* par le Dr Jules de Bourrousse de Laffore, p. 359 et 368-369.

Regent en luniversité de Bourdeaux (1). A esté baptisé le 9e apvril 1635.

[*En haut et en marge on a ajouté ce qui suit.*]

Est mort le xe 9bre 1646 (2) en Catalognie sen estant alé à la guerre sans mon adveu ni sceu.

Naissance.

Le 4e may 1629 est né mon filz François et a esté donné à Baptesme à M. Me François du Bernet mon beau frere chanoine en l'eglise St-Pierre de la pñt [présent] ville et à Dam^elle Marguerite Du Bernet sa sœur famme à Me de Lassus recepveur general du tailhon en Guienne.

Et est mort ledit François le dernier febvrier 1631.

Naissance.

Est nee ma fille Marie le 3e aoust 1630 et a esté baptisée le lendemain par mes enfans Jehan et Catherine Dudrot dans l'esglise S-Pierre de la present ville.

Est religieuse au couvent St-Ursulle de la present ville et a faict la profession le 4e X^bre 1646.

[*Famine à Condom.*]

Lan 1631 y eust grande famine en ce pais et la cartal du bled se vandist puis lesté de lannée 1630 jusque à lesté 1631 dix, doutze et quatorze livres la cartal mezure de la present ville (3) et les aultres grains à proportion mesme le milhet à dix livres. Et lan 1640 le vin est vendu a 5 sous le pot (4) toute lannee.

(1) Quelque parent sans doute de Daniel de Priezac, qui fut conseiller d'Etat, membre de l'Académie française, et qui, né en Limousin (1590), mourut à Paris (1662).

(2) Le 21 novembre 1646, le comte d'Harcourt fut obligé de lever le siège de Lérida. Le 18 avril de la même année, Agezillan de Bezolles, « cappitaine au régiment de cavalerie du seigneur comte de Mereuville, » partant pour l'armée de Catalogne, fait son testament à Condom, dans la maison où réside sa mère Anne de La Jugie de Rieux. Le même jour, Agezillan de Bezolles achète 3 chevaux à Guillaume du Saige, pour 1600 livres, afin d'aller en Catalogne (minutes de Rizon, chez Me Lagorce). Il est probable qu'Agezillan de Bezolles décida Jehan Dudrot à le suivre à l'insu de sa famille. (Communication de M. Soubdès.)

(3) La *cartal*, mesure de Condom, était de 61 litres 26 d'après l'instruction préfectorale de l'an x.

(4) Le *pot*, d'après la même instruction, valait 1 litre 702.

Naissance.

Est nee ma filhe Agne Dudrot le 19e apvril 1632 entre dix à unze heures de matin et a esté baptisée le lendemain par mes enfans Jehan et Marie Dudrot dans lesglise St-Pierre de la present ville.

Est morte le 20e 7bre 1635 à Capdeboscq et ensepvelie à lesglise de Marquadis (1).

Naissance.

Est né mon filz Arnauld Alem sur le 9 à x heures de matin le troisiesme septembre 1633. Et a esté donné à baptesme à M. Daston conseiller mon Beau frere et Damlle Marguerite Coquart femme de M. Me Jehan Du Bernet conseiller en la cour de Parlement de Bourdeaux mon Beau frere.

Et a esté baptizé le xe apvril 1635.

Naissance.

Est née ma fille Jehanne sur les sept à huict heures du soir le 4e 7bre 1634 et a este baptisee par Jehan et Marie Dudrot mes enfans le septiesme septembre mil six cens trante et quatre.

Est religieuse Ursuline et en a prins lhabit le 13e 9bre 1650. A faict sa profession le 6e febvrier 1652.

[*Après* naissance *on a ajouté* :] Est morte vers le 15 novembre 1665.

Naissance.

Est né mon filz Odet le 23e juillet 1638 et a esté donné à Baptesme à M. Me Odet Du Bernet L[ieutenant] acc[assesseur] mon Beau frère et Damlle de Redon famme à M. Me Jehan de Melet, presidant au siege de la present ville, et a esté baptisé le sixieme Xbre 1638.

Est mort le premier may 1644.

[Abondante récolte de blé.]

L'annee 1639 feust fort bonne en bleds et le gerbier sive loubat tiroit deux cartals et nœuf cartons (2) de dix gerbes le loubat.

(1) L'église de Marcadis est très voisine de Cap-de-Bosc. Elle est aujourd'hui annexe de la paroisse d'Artigues.

(2) Le *carton* ou mieux *quarton* était le *quart* de la *cartal*, qui elle-même était le *quart* de la *conque*.

Naissance.

Est né mon fils Bernard le 15e may 1641 entre deux a trois heures de nuict et a esté donné à baptesme à M. noble Bernard Du Bouzet sr de Laroche marin et à Damlle Guirauete de Larochemarin, mariés (1).

Lean luy feust bailhée le mesme jour et le baptesme a esté achevé en lesglize de Marcadis jurisdiction de Moncrabeau le 4e Aoust audit an.

Naissance.

Est né mon filz Antoine le setziesme mars 1644 à six heures de matin et a esté donné à baptiser à M. Me Antoine de Cous prestre et chanoine et grand archidiacre en lesglize cathedrale de la present ville (2) et à Damlle Anne Mazeres famme au sr Du Bernet L[ieutenant] accesseur ma Belle sœur.

Et leau lui a esté baillée le susdit jour. Depuis a esté baptisé dans lesglize St-Pierre de la present ville.

Naissance.

Est né mon filz Pierre le 9e Aoust 1645 entre deux et trois heures du matin.

Est mort ledit Pierre le 4e Xbre 1651 vers les cinq à six heures du *matin.*

[*Pigeonnier de Capdebosc.*]

1647.

Sera memoire qui jay appigeonné ma feue (3) de Capdebosc de

(1) *Sur ce du Bouzet et sur les du Bouzet en général*, je suis heureux de citer ici, tant à cause de son mérite que de son origine condomoise, M. J. Noulens, l'habile généalogiste auquel nous devons les *Maisons historiques de Gascogne*. V. le tome I, p. 1-191.

(2) Sans doute un neveu, filleul et protégé de Mgr Antoine de Cous qui occupa le siège épiscopal de Condom depuis 1616 jusqu'en 1647.

(3) *Faie*, *fuye*, petit colombier dont les boulins ou trous ne vont pas jusqu'à terre, par opposition au colombier à pied qui avait des boulins depuis le sommet jusqu'au rez-de-chaussée. Certaines terres titrées avaient seules le droit de colombier à pied. D'après quelques auteurs (D'Olive, livre 3, chap 2; La Peyrère, lettre S n° 9; Guyot, *Traité des fiefs*, t. VI, p. 615), on aurait, au contraire, appelé *fuyes* les colombiers à pied dans les ressorts des parlements de Bordeaux et de Toulouse. La distinction entre le *colombier* et la *fuye* n'existait pas anciennement dans les provinces méridionales. Les plus vieux cadastres de Condom n'emploient que le mot *colomé*; ce n'est que dans celui de 1684, que l'on voit figurer *hune* qui est probablement une altération de *fuye* que les Gascons ne pouvaient prononcer, — Le 14 septembre 1687, Bernard Dudrot, sieur de Capdebosq, obtint du duc d'Albret la concession d'une *fuye*, moyennant deux sols six deniers de rente annuelle et perpétuelle, d'après un original en parchemin des Archives de Capdebosc. (Communication de M. Soubdès.)

nouveau en l'année mil six cens quarante sept et au mois d'octobre (1).

[*Grande peste à Condom.*]

Lan 1653 y eust grand peste dans Condom où il y moureust de trois partz les deux du peuple, sept procureurs et M. de Guilhot medecin avec sa famille fors un enfant (2). [*Un mot à la suite est effacé.*]

[*Saumon pêché près de Condom.*]

Sera memoire que le 23 jung 1656 heure de six à sept heures du soir feust prins proche le molin de Barlet de la present ville un saumon.

[*Décès.*]

Sera memoire que M. Du Bernet conseiller au parlement de Bourdeaux est mort soudainement dans le palais le xe may 1662.

[*Chaleurs excessives.*]

Est à remarquer que l'année 1669 a esté fort esterille tant en grains que vins à cause du grand chaut qu'il a faict n'ayant eu quant à moy [*La suite devait se trouver en regard, sur un feuillet qui a disparu.*]

[*Notes de vendange.*]

Et de vendange scavoir à Bordenave que cinq charges entre metaier et moy; à la vigne Descremis six charges de mesme; au Cailhau de mesme et à Capdebosq.

(1) A rapprocher d'un passage du *Livre de raison de la famille de Fontainemarie* sur le pigeonnier de Castecu (p. 115).

(2) Le chanoine Lagutère parle en ces termes de la peste de 1653 dans ses mémoires : « Et feust nommé led. s^r^ Destrades [il s'agit de la députation qui fut faite de notre Evêque pour les Etats de Tours] qui partit pour Paris où il resta iusques en 1653 qu'il vint à Limoges où il demeura quelque temps avec le sieur Evesque dud. lieu en attendant qu'il peust se retirer dans son diocese fort affligé de peste et surtout Condom qui fut entierement deserté à cause de cette maladie y estant mort ou au voisinage prés de quatre mil personnes, les eglises fermees et la cathedrale sans aucuns offices pres de quatre ou cinq mois. Led. s^r^ de Margeon vicaire general s'estoit retiré à Cassagne dou il donnoit les ordres pour la conduite du diocese et sur la fin du mois de decembre dud. an feust le service divin restabli dans lad. cathedrale et peu à peu les habitans se retirarent ayant resté iusques environ led. temps campés dans des hutes au voisinage de lad. ville. » (Communication de M. J. Gardère). C'est à l'occasion de cette peste que les consuls firent le vœu dont M. Gardère a parlé dans sa substantielle étude sur l'*Instruction publique à Condom*, un des meilleurs travaux publiés sur l'histoire de l'enseignement d'autrefois.

[*Décès.*]

Est mort mondit père le 20 dauost lan 1674 (1).

[*Mariage.*]

Memoire du mariage dentre Arnaut Alem du Drot et ma[elle] Betrade de Tartanac qui espousarent le quinze de fevrier 1675 (2) qui estoit un vandredi matin a neuf heures ayant espousé au Pradeau par M. Claisac viquere de St-Pierre.

(1) Ceci est inscrit au f° 50. On trouve au f° 63 v° cette nouvelle mention du même décès avec une date de jour différente : « Monsieur Me Jean Dudrot est mort le xi aoust l'annee 1674 et a esté ensevely aus Cordeliés. »

(2) Le chiffre 7 est douteux, ayant été surchargé.

SECONDE PARTIE

CHANTS HISTORIQUES (1)

[*De frere Thomas*] (2)

« La bastonade te venero, »
Dist fraire Thomas cordelier;

(1) Je supprime les prières rimées annoncées dans l'*Avertissement* parce que je n'ai plus le droit de les supposer inédites. Voici ce que m'écrit M. Léonce Couture : « Le premier fragment commençant par le vers : *Pource, Vierge au cueur piteux*, est la seizième strophe de l'*Oraison tres devote, plaisante et bien composee en l'honneur de la Royne de Paradis contenant* xvj. *couplets.* Ce dernier couplet se trouve au verso du feuillet *i* des *Heures* de Simon Vostre de 1515 (in-8°), que j'ai sous les yeux.—Ces mêmes heures renferment, à la suite, la longue prière rimée *A toy Royne de hault parage*, avec le distique placé à la fin :

Lame qui est dordure taincte
Doit ainsi faire sa complaincte.

» Enfin, au feuillet *oij v°* commence l'*Aultre orayson a la glorieuse Vierge Marie* [*pour dire tous les jours*] :

Glorieuse Vierge Marie
A toy me rens et si te prie
Que tu me vueilles ayder
En tout ce que jauray mestier. *Etc.*

» Tout cela n'offre aucune variante notable avec votre copie. Je crois, de plus, que les mêmes textes poétiques se trouvent dans plusieurs autres livres d'heures de la même époque. »

(2) Dans la *Revue catholique de Bordeaux* du 10 mai 1890, j'ai posé (p. 288) cette question sur les prédications de Thomas Illyricus en notre sud-ouest : « Tous connaissent ce moine à la parole ardente, entrainante, d'une famille originaire d'Illyrie (d'où son surnom d'Illyricus), qui, renouvelant au commencement du xvie siècle les prodiges oratoires de saint Vincent Ferrier, *couroit le monde, preschant la pénitence, et annonçant le courroux prochain de Dieu*, comme s'exprime Florimond de Raymond (*La naissance, progrez et decadence*

de l'heresie de ce siecle, Paris, in-4°, 1605). Je voudrais savoir ce que l'on pourrait ajouter aux pittoresques récits du conseiller au parlement de Bordeaux, ainsi qu'aux renseignements fournis par le P. Bajole (*Histoire sacrée d'Aquitaine*, 1644, in-4°), sur les prédications et prédictions du populaire orateur à Bordeaux, à Condom, à Toulouse. Quelles autres villes du sud-ouest furent évangélisées par le cordelier au zèle impétueux et à l'âpre éloquence? Quels documents publics ou inédits gardent des traces du passage de cet apôtre à travers notre Aquitaine qu'il admirait tant, la comparant presque au paradis? Que sait-on, en particulier (non d'après la tradition, dont je me méfie beaucoup, mais d'après d'incontestables témoignages), du séjour du frère Thomas sur la côte d'Arcachon, où, suivant la belle image de Florimond de Raymond, citée dans mon *Essai biographique* de 1867 (p. 107), il vit *la mer enflée qui rouloit ses foudres?* » Jusqu'à ce jour l'enquête que je réclamais n'a rien produit, mais M. le chanoine Ulysse Chevalier, correspondant de l'Institut, répondant à ma question dans le même excellent recueil périodique où elle avait été posée (*livraison du 25 juin 1890*), a indiqué un document inédit qui, pour ce qui concerne le séjour du frère Thomas en Dauphiné, nous fournit un nouveau jalon. D'après un registre des délibérations de la ville de Grenoble, coté BB 4, f° 98, frère Thomas vint en cette ville le 14 novembre 1516, y prêcha plusieurs fois (jusqu'au 19, jour de son départ), sur une place publique, celle de Sainte-Marie, en présence de l'évêque [Laurent Allemand]. Espérons que d'autres chercheurs trouveront des témoignages qui viennent compléter pour l'Aquitaine, la Gascogne et le Languedoc, les vagues données que nous possédons. Combien je voudrais que dans *toutes les villes* qui furent électrisées par la parole du prédicateur, on pût retrouver des textes aussi précis que ceux qui ont été conservés dans les archives de Cahors et de Condom! Le premier de ces textes, extrait du registre *Te igitur* et publié par MM. L. Combarieu et F. Cangardel dans le *Bulletin de la société des études du Lot* (t. XXIII, 1888), nous apprend (p. 135-140) qu'en 1519, le 25 mai, le vénérable homme de Dieu, professeur de théologie et très profond philosophe, se dirigea de la très célèbre cité de Toulouse [indication qui complète sur un point important le très maigre et insuffisant article de la *Biographie toulousaine*] vers la ville de Cahors. Suivent de curieux détails sur l'arrivée de Thomas, au devant duquel accourut toute la population cadurcienne, ses consuls en tête; sur la bénédiction papale que donna le saint homme à la foule prosternée; sur la vie moins humaine qu'angélique qu'il mena pendant huit jours dans le couvent des Frères Mineurs, buvant d'un vin très étendu d'eau (*calde lymphatum*), ayant une planche pour lit, passant une partie de la nuit en prières; sur sa figure très pâle, sur son nez mince et pointu, sur sa barbe longue, sur son corps amaigri, mais fortement charpenté, sur sa haute stature; sur son éloquence extraordinaire; sur la fatigue qu'il bravait en parlant du haut de la chaire pendant quatre et cinq heures d'une voix retentissante; sur son sermon en l'honneur de l'Immaculée Conception de la Vierge Marie, sur d'autres sermons en plein vent dans une prairie située auprès du pont de Valentré devant d'innombrables auditeurs; sur ses prédications aux environs de Cahors (à Aujols, à Beauregard, à Concots, à Villefranche). Le texte de Condom, publié par M. Bourgeon (*La Réforme à Nérac. Les origines*) [Toulouse, 1880, in-8°, p. 77-79], est moins étendu et nous apporte de moins minutieuses informations, mais on y trouve quelques indications pour l'itinéraire du fougueux orateur (dimanche 27 octobre 1518, arrivée à Condom; séjour d'une semaine environ dans cette ville, où il prêcha trois fois dans le couvent des Frères Mineurs, et une fois, le jour de la Toussaint, dans la prairie de l'hôpital, devant plus de trente mille personnes; départ pour Nérac; retour à Condom, départ pour Toulouse). On y trouve aussi, comme dans le récit cadurcien, le contre-coup de la saisissante impression que produisait sur les masses cette éloquence qui avait quelque chose de la violence et du fracas d'un torrent, impression mêlée de délirant enthousiasme et de religieuse terreur.

« Guerre, famine, provero,
» Et pestilencia toy ralier (1). »

Onc despuys ses sermons et mines (2),
Nusmes que guerres et famines,
Fiebres, pestes, infinis maulx
Susmes par terribles assaulx.

La bastonade trop cruelle
Nous vint apres, point je ne faulx;
Guerre, famine et aultres maulx
Et pestilence universelle.

« Pardone luy, Xristo, pardonne,
» Mio caro crucifixo;
» Ta grace luy abandonne
» Estando poplite flexo. »

Avecque ses serimonies
Et grosses exclamations
Changoyt pencées infinies
Vexces (3) et tentations.

Quand il entra dedens Condom
Lon l'estimoyt demy prophete;
En aultres lieux bruict et renom;
Dung jour ouvrier lon fesoyt feste.

Le nom de Jhesus Maria, metre,
Jhesus Maria nous disons
Escript en quelque belle lettre,
Devant les portes des maisons (4).

(1) Je guillemette les phrases empruntées à la prédication de frère Thomas. Au reste, ni le texte ni le sens de ce quatrain ne sont absolument sûrs. La dernière lettre du premier et du quatrième vers peut aussi bien être un *a*. Je traduirais, sauf meilleur avis : « La bastonnade viendra sur toi; tu éprouveras guerre, famine et peste (venant) te rallier, t'atteindre. »

(2) *Mines* veut-il dire ici *gestes, grimaces*, ou plutôt *menaces* (lat. *minae*)?

(3) Sans doute substantif verbal du verbe *vexer*. Le sens serait : « Il changeait, il faisait disparaître beaucoup de pensées (déréglées), de vexations, de tentations. »

(4) La chanson est d'accord avec tous les récits connus, notamment avec les récits cadurciens et condomois. A Cahors, après avoir pleuré quatre fois, n'ayant pas dit un seul mot qui ne pénétrât dans l'âme des auditeurs, il recommanda à tout le monde de mettre sur les portes de la ville et même des maisons un écri-

Cartes, dez, piruettes et eschès
Toutz instrumentz delectables
Aultres occasions de pechès
Chasser comme detestables (1).

Provence leust
Quar la morust
De peste et d'infection
A genoulx par devotion
Devant limage Notre Dame
De Menton lieu propice
Troys lieux par de là Nice.
Dieu luy veuilh saulver son âme!

Mort.

Depuys Labret je vis morir
Ses filz premiers et luy suivir (2)
Feu Jehan Marre vieulx assez
Presque en ung an furent trespassez (3).

teau portant le nom de *Jésus*, ce qui fut fait à l'instant même. (*Bulletin* déjà cité, p. 138.) Le texte publié par M. Bourgeon est ainsi conçu : « et fey far des Iesus per botar à lintrant de las portas. »

(1) Nouvel accord entre notre chanson et les textes de Cahors et de Condom. Voici la traduction du *Te igitur* (p. 139) : « Comme pendant son séjour à Cahors l'homme de Dieu au nom de Jésus-Christ avait recommandé aux consuls de faire brûler toutes les cartes servant au jeu avec les tables et tréteaux à l'usage des dés, aussitôt après son départ, le jour même, marchands et bourgeois, apportèrent tous toutes ces futilités dans la maison consulaire. Il y avait bien pour les cartes jusqu'à cinq charges de chevaux, et un bûcher ayant été préparé, tous ces objets furent brûlés sur la place publique devant la maison commune. » Le rédacteur du *Te igitur* a reproduit, à la suite de son récit, une lettre écrite de Villefranche, le 18 mai 1519, par frère Thomas aux consuls de Cahors, où il les félicite de leur auto-da-fé et dit combien il s'en est réjoui (*qua de re gavisus sum*). Le registre des jurades de Condom, toujours plus bref que le registre de Cahors, se contente de cette simple mention : « et fey ardre totas las cartas, datz, taulers et tamborins et fey cessar beaucop de jocz que no joguen per lo present. »

(2) Il s'agit là d'Alain le Grand, mort à Casteljaloux en octobre 1522. Voir sur Alain d'Albret et sur sa famille la monographie de M. Luchaire, laquelle résume, complète et remplace tous les travaux antérieurs.

(3) La date attribuée à la mort de l'évêque Marre est la bonne : c'est celle qui a été adoptée dans le *Gallia Christiana* (t. II, col. 967) : « tandem vir pius ad cœlestem patriam migravit an. 1521 » et, à la marge : « 13 octobre. » La date du 28 mai paraît avoir été rayée immédiatement. Elle se rapportait peut-être, comme le remarque M. Soubdès, à quelqu'un des seigneurs d'Albret dont il est question dans le même quatrain. Revenons au *Gallia* pour constater que le grand évêque y est appelé Johannes *de* Marre (col. 968), ce qui — l'erreur faisant toujours boule de neige — a été aggravé dans un *Dictionnaire historique*

(1521 et die dominica XIII octobris [XXVIII maij *barré*] anno predicto millesimo quingentesimo XXI obiit dictus Marra).

Guerres.

Prinse fust lisle de Rodes
Et hors mys ses gentilz croysars
Par les Turcs mechantes brodes (1)
Getans mortiers, fleches et dars.

Fontarabie et La Groygne (2)
Ou Esparros ses ieulx perdit (3)
En Naples, guare la roigne!
Lautrec à Dieu lame rendit (4).

Apres Rome Fontarabie,
Naples, Pavie, Lytalie
Avecque ses guerres et picques
Au mylieu de mes coroniques.

Trahisons.

Dieu punira ses trahisons
Comprins botefeuz de maisons

où Jean *de* Marre est devenu Jean *de la* Marre. Attendons-nous à quelque déformation plus considérable encore. Jean Marre, considéré comme évêque et comme écrivain (j'ai signalé un manuscrit de lui à la *Bibliothèque nationale* dans une plaquette sur la *Fondation de la Société des bibliophiles de Guyenne*, Auch, 1866, p. 20), mériterait une notice spéciale et développée, que devrait bien nous donner un jeune prêtre en quête d'un beau et neuf sujet pour une thèse de doctorat. Il ne faudrait pas oublier d'y signaler l'admiration du prélat pour Thomas Illyric, attestée dans cette phrase du chroniqueur municipal de Condom (p. 78 du livre de M. Bourgeon) : « Lo reverend pay en Dieu Mons. Jehan Marr evesque de Condom auet demorar audit convent noyt et jor per ausir lo sermon et predication deoudit sant home. »

(1) Terme injurieux que l'on peut assez bien traduire par *canailles*.

(2) C'est Logrogno, dans la vieille Castille, l'antique *Juliobriga*, sur l'Ebre, à 94 kilomètres s. de Vitoria. Favin (*Histoire de Navarre*, p. 706) appelle cette ville *Logrogno*, et Du Bellay *Le Grongne*.

(3) André de Foix, seigneur de l'Esparre (Esparros est une commune des Hautes-Pyrénées; c'était autrefois une des douze grandes baronnies de Bigorre. Favin, p. 707, l'appelle *Asparrault*), André de Foix, dis-je, était frère des seigneur de Lautrec et de Lescun. La perte de ses yeux est relatée par tous les historiens. Voir en particulier Brantôme, *Vies des grands capitaines français*, discours XXIX.

(4) Odet de Foix, seigneur de Lautrec, maréchal de France, fut tué au siège de Naples, le 15 août 1528.

Qui tant de maulx ont faict en France
Mirent à feu Troys et Dijion,
Monopoles faictz à Lion
Contre leur Dieu et conscience.

Guerres.

Audois cum de Borbon va bie (1)
Cestoyt pour passer Litalie
Mais à Pabie, merancolie.
Il fust fort plus que Golias
Le jour de la sainct Mathias.

Mil V^c et vingt et quatre
Au jour dessus mentioné
Bon gré notre champ a combatre
Françoys fust prins et enbironé.

Puys admené dez gens sens loy
Nabarre ausi perdist son Roy
Qui a peu de temps se recoubra
Le sainct esprit tres bien oubra.
Il les faulsist bailler bons gaiges :
Les enfans furent en ostaiges.

Lan mil cinq cens 7 et xx
Lampereur en Provence vingt
La ou il fist toutz ses assays
De prendre Marceille comme Ays (2).

En Lorraine et Picardie
Entre les Roys vismes grand guerre
Au Pymont, Savoye, Litalie
Et tout pour amplier leur terre.

De nous treuves pretendues de x ans advenir (3).
Paule tiers moyenneur a esté

(1) Peut-être est-ce l'expression italienne *va via*, va son train, s'en va.

(2) Je juge inutile de consacrer la moindre note à des événements et à des personnages trop connus, mais je ne résiste pas à l'envie de citer sur l'invasion de la Provence par Charles-Quint les remarquables pages publiées par un illustre enfant d'Aix, M. Mignet, dans la *Revue des Deux-Mondes*, en 1860.

(3) Note marginale du manuscrit : *Publié[es] 1538 le premier de juillet.*

Qui en ce moys de juillet en esté
A faict les Roys a Nyce tous venir.

Paule 3 fust notre moyenneur
De paix, traictez avecque Lampereur.
Troys Roys a Nyce se trouvarent
Je ne scay rien si s'accordarent
Que le maistre des clefs et des portes
Si les fist venir en Aigues mortes.
[*Ces six derniers vers ont été raturés.*]
Lamperreur a XXVIII galleres
Et les Francoys en diverses manieres
Treves tenir trestous jurarent
Par peu de temps apres durarent.

Ou par terre ou par nef
Vingt Lampereur en France
Mil cinq cens trente nef
Vne tre belle aliance
Feust veue de luy et des Francoys
Apres guerre paix entre Roys.

Peu devant Saincte Katherine
En novembre le vingt troys
Les mariniers sur la marine
Lampereur et Dauphin cortoys
Pose corans a grosse heleyne.
Ils firent prendre une baleyne;
II jours apres belle assemblée,
A Bayone firent leur entrée.

Cette paix fust tost perdue.
Ne scay coment il en ala,
Car Landercl et par de la
Fust aux Françoys place rendue.
Lussemborc et aultres lieux
Furent prins par le voloir de Dieux.

Tempeste (1540).

De pierre fusmes tormentés
Le jour saint Leo pape Romain

Ou perdismes raysins et grain
Par grosses gresles et tampestes
Qui abbatoyt clochiés, fenestres,
Et ny eust arbre qui fust sain.

A Condom font ce jour grand feste (1)
Pour ce que son corps y repoze.
Jamais ne vis telle tempeste.
De peur de ce parler je noze
Suy assuré que nous vismes
Tampestées plus de 70 dismes
In diocesi.

De Luther.

Ung appostat contre leglize vint
Croy que despuys mile vc et vint
Nomes le Luther avec ses aderans
Souysses, *seduit ausi maintz* alemans.

Despuys ce temps au ciel on vit
Unne commette enflambée
Qui signifioyt l'assemblée
Des precurseurs de lantecrist
Qui moult erreurs ont escript
Persecutant la pouvre Eglise
Dont despuys quant bien je m'advise
Ses deluges de calamittés
Guerres, famines, mortalités
Nous ont esté prefigurées.

(1) Fr. de Belleforest dit dans sa *Cosmographie* (t. II, p, 273) : « En l'église Saint-Pierre est honoré comme patron saint Léon pape duquel les Condomois font grand feste. » (Communication de M. Gardère.) La légende du pape saint Léon, fondateur de l'église de Condom, formait le commencement de l'histoire de l'abbaye qui se trouvait dans le vieux cartulaire dont l'original n'existe plus. Dom d'Achéry, lorsqu'il inséra cette histoire dans son *Spicilège*, crut devoir supprimer ces récits légendaires, mais ils ont été conservés dans des copies dont l'une, de Larcher, est aux archives de Condom, l'autre, de Lagutère, est encore dans la famille de ce dernier. C'est celle qui a été utilisée par le chanoine Monlezun dans son *Histoire de la Gascogne*. Une troisième copie est dans les mains de M. Plieux, qui a discuté cette légende dans son travail sur l'abbaye de Condom (*Revue de Gascogne*, 1881). Il s'agit dans notre légende de Léon III. *L'Art de vérifier les dates* dit qu'il est compté entre les saints, mais ne fixe pas le jour de sa fête. (Communication de M. Soubdès.)

Ainsi est comme je le croy
Par signes en mainctes contrées
Chascun le scait trop mieulx que moy.
A Coullougne cité sus le Rin
Ung cordelier [*en interligne*, pellerin] trova la presse,
A Basle en grec et latin
Alemans mirent leur genesse
          Et vielhesse
Qui mieux diroit sur ses colloques
          Par equivocques
A composer chascun sapplique
          Chose inique
Cuidans savoir plus que Platon
A feu la faulse rethorique
DEcolampade, Melancton.

Famine

Mile V^c trente uung
Tant dedans les viles que dehors
Morust de faim mainct ung
Que pitié estoyt voers tant de mors.

Il fust veu en ceste ville
Beaucop plus cher quanpt que soyt
Le pain, le vin, le sel et luile
De jour en jour sencherissoyt.

Le bled vaulsist a comug pris
iiii l. [*livres*] 5 soulz ou six.
Je fis la prinse sommaire
De perpetuelle memoire.

Maledies.

Par fiebre chaulde infinis
Crier, rever, tumber je vis
Dez malades reconvalir
Et medecins beaucop failhir.

[*Pardon papal. Expéditions de Charles-Quint et de Barberousse*]

8 de septembre.

Lan cinq cens trente-six apres mile
Pardon papal du tout Remission

Je vis nuz piedz les citoyens de vile
Devotement a la procession.

Prians Jhesus nous voloir doner paix.
Lan pour les fruiz nous vint a competence.
Les Espaignoulz estoyt ja dedens Aix
Et Lampereur venoit contre la France.

Lampereur avec grosse puyssance
Assailhist le Royaulme de France
Et la Provence; lost estoit a Nyce,
Lieu mal propice, car la jaulnice
Grevoyt des gens estans en grans dangers;
Peste regnoyt et navoyt que manger.
Genes fust prins, Dagali Barbarosse
Et sainct Planquat (1) qui vingt a la secorse.

L'annee apres Francoys fist ordonné
Que argent biernoys seroyt abandonné
Et descrié en Gascoingne, et en France
Dont mainct subjet vesquit en grand soffrance (2).

Mal temps et cher touchant nostre despense
Heusmes apres dont mainct moust de faim
Faulte de vin, de blez ausi de pain;
Prions a Dieu quil nous binct recompense.

Sur une bonne vie et une bonne mort.

Il a bien la conscience dure
Et met son ame a laventure
Pour ce monde qui si peu dure
Pert Paradis qui tous jours dure.

Lon dit au bray par raison vive
Qui bien beult morir bien vive
Quar jamais ne furent daccord
Maulvaise vie et bonne mort.

(1) Voir ma petite notice sur l'*Amiral Bertrand d'Ornesan, baron de Saint-Blancard* (extrait de la *Revue de Gascogne* de mai 1867).

(2) Voir dans le *Catalogue des actes de François Ier*, publié par l'Académie des sciences morales et politiques (t. III), mention de l'Edit du 29 novembre 1538 portant suppression du cours dans le royaume de certaines monnaies etrangères, telles que les Vaches de Béarn, etc.

APPENDICE

I

Livre de la taille sur allivrement de la ville de Condom.

Faict lan mil v^{c} XLI [1541] et pour lever la somme de ii^{cc} l. t. [200 livres tournois] pour le cartier de april deu au Roy et aultres affaires de la dite ville; pour lever ladite somme Jehan Mellet, F. du Franc (1), Michel Drot et aultres impouzarent comme sensuibt.

Pour chef de livre de 1 sou sur chacun habitant dudit Condom et juridiction dicelle, son bien montant jusques a unne l. [une livre] ou plus.

Montent les dites livres six mille sept cens sept livres ii s. VI.d. [2 sous six deniers] de tous ceulx qui sont comprins audit livre oultre ledit chef de livre de 1 sou pour chacun et pour chacune livre fust cothizé que seroyt payé IIII d. t. [4 deniers tournois].

Montent lesdits chef de livre pour lever ladite somme, iiii^{xx} II l. [82 livres] à 1 sou pour chef de livre.

Les aultres livres montent à iiii deniers pour livre, cent XI l. XV s. huict deniers [111 livres 15 sous 8 deniers].

Quest en somme avec lesdits chef de livre nefz vignz xiii l. [193 livres] quinze sous huict deniers. Par ainsi restent a lever de la dite somme de ii^{cc} l [200 livres] impouzée VI l. iiii s. iiii d. [6 livres 4 sous 4 deniers] laquelle se prendroyt sur ceulx de la Ressingle ou ailleurs.

Les chef des maisons montent seze cens XL chef [1640].

(1) François du Franc était l'aïeul maternel de l'historien Scipion Dupleix. Je dirais que Monluc en parle longuement, si les récits d'un écrivain d'autant de verve pouvaient jamais avoir quelque longueur. (*Commentaires*, édition du baron A. de Ruble, la seule, du reste, que l'on doive citer, t. II, p. 357). Voir sur la famille du Franc une note dans mon édition des *Sonnets exotériques*, p. 75.

Le bien de maistre Guirault Dymas quil a en Condom est allivré pour vi l. vii s. vi d. [6 livres 7 sous 6 deniers].

Il en y a xi^c^ [1100] livres que ne portent point de l. [livre].

Par ainsi qui est escript au livre gros de lalivrement de la ville de Condom portant 1 l. [livre] pour ladite l. [livre] porte iiii d. [4 deniers] a lever ladite some de ii^c^ l. [200 livres].

De xvii s. vi d. — iii d. ob. [de 17 sous 6 deniers — 3 deniers obole].

De xv s. — iii d. [de 15 sous — 3 deniers].

De xii s. vi d. — ii d. ob. [de 12 sous 6 deniers — 2 deniers obole].

De x s. — ii d. [de 10 sous — 2 deniers].

De vii s. vi d. — i d. ob. [de 7 sous 6 derniers — 1 denier obole].

De v s. — i d. [de 5 sous — 1 denier].

De ii s. vi d. — ob. [de 2 sous 6 derniers — obole] (1).

II

Table chronologique des événements de famille.

1522 Naissance de Bertrand Drot. Peste, fuite de Mézin.
1527 N. de Miramonde du Drot.
1531 N. d'Antoine du Drot.
1533 N. de Guillaumet Drot.
1534 N. de Jehan Drot.
1535 N. de Micheau du Drot.
1526 N. de Jehane du Drot.
1537 N. du 3e enfant de Jehannote Dymas.
1538 N. de Jehane du Drot.
1539 N. de Marguerite du Drot.
1540 N. de Pierre du Drot.
1541 N. de Guiraut du Drot.
1542 N. de Pierre Dudrot.
1544 N. de Arnaut Guillem du D.

(1) L'ancien archiviste du département du Gers, aujourd'hui à Rennes, où tous nos regrets et aussi tous nos vœux l'ont suivi, M. Paul Parfouru, a utilisé, dans sa belle publication des *Comptes de Riscle*, cette partie du manuscrit Dudrot, d'après un extrait qui lui avait été transmis par M. Gardère (*Archives historiques de la Gascogne*, fascicule xii, introduction, p. xlix). M. Soubdès présente ainsi une bien judicieuse observation à l'éditeur des *Comptes de Riscle* : « Malgré l'opinion du savant archiviste, il me semble que, selon notre texte, le *chef de livre* était invariable quel que fut le montant de la taille. C'était une surtaxe de laquelle étaient exempts tous ceux dont le revenu cadastral était inférieur à une livre. »

1545 N. d'une fille non à terme.
1545-46 Décès de personnes marquantes.
1546 N. de Louis Dudrot.
1560 Mariage de Jehan du Drot avec Margaride de Moullié et de son frère avec Jehane Trelles.
1561 N. d'Oddet du Drot.
1562 N. de Gilhames du Drot.
1563 N. de Jehane du Drot.
1565 N. de Catarine du Drot.
1567 N. de Betran du Drot.
1568 N. de Jehan du Drot.
1572 N. de Catharine du Drot.
1574 N. de Jehan du Drot.
1575 N. de Gilhames (autre fils).
1579 N. de Jehan Miqueu.
1581 N. de Bernat du Drot.
1595 Mariage de Oddet du Drot avec M[lle] de la Crompe.
1596 N. de Jehan, fils d'Oddet.
1599 N. de Marguerite, fille d'Od.
1600 N. de Catherine du Drot.
1600 N. Avortement.
1602 N. de Marguerite.
1603 N. de Mlle.
1605 N. de Jehane.
1607 N. d'Odet.
1611 N. de Mlle.
1619 Mariage de Jehan Dud. avec Jehanne de Raymond, mort en 1621.
1620 N. de Robert, m. en 1629.
1621 N. de Jehan, m. 5 sem. après.
1622 Mariage de Jehan Dudrot avec Mlle du Bernet, m. en 1669.
1623 N. de Salomon + en 1624.
1625 N. de Jehanne + en 1626.
1626 N. de Catherine.
1628 N. de Jehan + en 1646 en Catalogne.
1629 N. de François + 1631.
1630 N. de Mlle, Ursuline.
1632 N. de Agne.
1633 N. de Arnaud Alem.
1634 N. de Jehanne, Ursuline.
1638 N. de Odet + 1644.
1641 N. de Bernard.
1644 N. de Antoine.
1645 N. de Pierre + 1651.
1662 Décès de M. du B. C.
1674 Décès de Jean Dudrot.
1675 Mariage de Arnaut Alem du Drot avec Betrade de Tartanac.

III

Table des pestes et événements mémorables.

1522 Peste à Mézin, Condom et Moncrabeau.
1534 Epidémie de vérole sive picotte.
1536 Printemps pluvieux. Gelées sur les fruits.
1539 Sécheresse à la fin d'octobre. On ne peut semer le blé.

1540 Gelée qui emporta tout.
1541 Année fertile. Vins à bon marché.
1542 Franç. 1er vient à Nérac, le samedi 28 octobre jusqu'au lundi suivant.
1543 Pardon général.
1544 Grêle, tempête, foudre à Moncrabeau.
1545 à 1546. Décès de personnes marquantes.
1546 Grandes chaleurs. Fièvres chaudes sive mal chault.
1562 Grande guerre. Ceux de la Religion ont saisi les villes des environs.
1562 Peste à Condom.
1574 Prise d'armes dans toute la France, le 1er mars. Gilhames du D. prisonnier des Huguenots.
1575 Baptême à Larressingle à cause de la guerre.
1607 Peste à Condom.
1631 Famine à Condom.
1639 Abondance de blé.
1647 Pigeonnier à Capdebosc.
Id. Tremblement de terre.
1653 Grande peste à Condom.
Id. Guerre, peste et famine.
1656 Saumon pêché au moulin de Barlet.
1669 Année stérile. Grand chaud.
Id. Notes de vendange.

IV

Filiation de la famille Dudrot.

Dans la première partie du XVIe siècle, la famille Dudrot était représentée par deux frères, Michel et Pierre, qui commencèrent le livre de raison. Les premiers actes sont rédigés par Pierre, désigné comme licencié au cadastre de Condom, en l'année 1536. Dans la suite, on ne voit plus que Michel et ses descendants, les seuls qui se soient perpétués jusqu'à nos jours, après avoir adopté pour résidence le domaine de Cap-de-Bosc, situé dans la paroisse de Marcadis, commune de Moncrabeau. Leur filiation peut s'établir avec certitude de la manière suivante :

I. Michel Dudrot, mentionné dans l'acte le plus ancien du livre de raison, au sujet de son fils Bertrand, né d'un premier mariage avec Johanine de Maubin. Ayant quitté Mézin à cause de la peste, il s'était retiré au Bourdieu-du-Bosc, qu'il ne faut pas confondre avec Cap-de-

Bosq acheté plus tard par ses fils. Michel Dudrot se maria en secondes noces avec Anne du Faur, qui lui donna entre autres enfants :

II. Jehan Dudrot, qui inscrit lui-même son mariage avec Margaride de Moullié (1), le 19 mai 1560. Ils eurent pour fils aîné :

III. Odet Dudrot, conseiller et garde des sceaux au Présidial de Condom. Il se maria en 1595 avec Marie de La Crompe. Leur fils aîné fut :

IV. Jehan Dudrot, qui succéda à son père dans la charge de conseiller garde des sceaux. De son premier mariage avec Jehanne de Raymond il eut deux enfants morts jeunes. Il se remaria avec Marie Dubernet et devint père d'un grand nombre d'enfants, parmi lesquels Arnaud-Alem, qui succéda à la charge de garde des sceaux et forma une branche aujourd'hui éteinte. Dans le partage qui eut lieu entre les enfants de Jehan Dudrot et de Marie Dubernet, la terre de Cap-de-Bosq échut à l'un des fils qui forme le degré suivant :

V. Bernard Dudrot, dont la naissance est enregistrée dans le livre de raison en 1641, ne s'y trouve plus mentionné dans la suite. Le mariage de son frère aîné, Arnaud-Alem, en 1675, est le dernier acte inscrit. Dans son contrat de mariage avec Catherine Condom, Bernard se qualifie sieur de Cap-de-Bosq. Il eut deux fils qui portèrent tous les deux le nom de Joseph. L'aîné demeura à Cap-de-Bosc; mais n'ayant pas eu d'enfants de sa femme Andrée de Gélas (2), il fit héritier le fils de son frère cadet, qui suit :

VI. Joseph Dudrot, sieur du Couloumé, épousa Anne Monbalère et alla habiter Lasserre-d'Ordan, juridiction d'Auch. Leur fils, appelé encore Joseph, rentra à Cap-de-Bosq comme héritier de son oncle :

(1) Aux XVIe et XVIIe siècles, les Mollié (*Molié et Molier*) *possédaient* à Condom de grands biens et des charges importantes. A la date de 1575, on trouve dans un cadastre « Monsr le conterogle Molié. »

(2) Andrée de Gélas, dans son contrat de mariage avec Joseph Dudrot l'aîné, en 1711, est dite sœur de noble Blaise de Gélas, sieur de Rozès. Les Gélas de Rozès étaient une branche des Gélas de Léberon, illustrés par le vaillant neveu de Monluc. Le nom de Gélas, qui se trouvait éteint dans le Condomois, a été relevé récemment, en raison d'une descendance féminine, par MM. Ducos de Saint-Barthélemy, dont l'un vient de contracter une alliance avec Mademoiselle de Gervain, au château de Lasserre, près de Francescas. Voy. Brémond, *Nobiliaire toulousain*, t. I, p. 393. — On trouvera un complément de la note de M. Soubdès dans le commentaire des *Mémoires de Jean d'Antras de Samazan* (Auch, 1880, p. 129), commentaire que j'aurais le droit de louer beaucoup, car il est presque en entier l'œuvre de mon cher et savant collaborateur.

VII. Joseph II Dudrot épousa en premières noces Sylvie de Lartigue du Courréjot (1), dont il n'eut qu'un fils, Joseph Dudrot, prêtre. Il contracta un second mariage en 1740 avec Andrée de La Fitte Clavé (2), qui lui donna plusieurs enfants, dont l'aîné fut :

VIII. François Dudrot, marié en 1781, à Brimont, près La Plume, en Bruillois, avec Marie Méne. Il eut pour fils :

IX. Louis Dudrot qui épousa, en 1813, Joséphine d'Abadie et fut père de François-Abdon, propriétaire actuel du livre de raison, comme chef de la famille.

X. François-Abdon Dudrot, résidant aujourd'hui à Cap-de-Bosq, se maria en 1841 avec Thélésie Duluc. Ses enfants sont :

XI. Paul-Fernand Dudrot, habitant avec son père; 2° Marie-Antoinette Dudrot, mariée avec M. Ernest Baylin, résidant au Boué, près de Moncrabeau; 3° Gabrielle-Josèphe Dudrot, mariée avec M. Labat, docteur-médecin à Nérac.

(1) Une généalogie des Lartigue figure dans le *Nobiliaire* d'O'Gilvy, t. II, p. 273. Le mariage Dudrot y est relaté à la page 194. Le nom de l'époux est grandement défiguré. Il est vrai qu'il est rétabli aux *Additions et corrections* du tome III, p. 563.

(2) Voir *Notice généalogique sur la famille de La Fitte*, tirage à part de l'*Armorial de la noblesse de Guienne et de Gascogne* (sans date), Bordeaux, typographie de veuve Suwerinck et Comp., rue Sainte-Catherine, Bazar Bordelais.

Auch, imprimerie et lithographie G. FOIX, rue Balguerie.

www.ingramcontent.com/pod-product-compliance
Ingram Content Group UK Ltd.
Pitfield, Milton Keynes, MK11 3LW, UK
UKHW020957220726
13924UKWH00002B/754